AF211092

Cornelia Desch

Am Ende des Weges beginnt die Reise

- GEDICHTE -

1.Auflage 2001
Titelgestaltung von Brigitte Desch

Herstellung: Books on Demand GmbH

ISBN 3-8311-2296-2

Wege entstehen,
wenn viele Menschen ein gemeinsames Ziel haben.

In diesem Sinne sind meine Gedichte
Momentaufnahmen von der Straße
des Lebens.
Aus verschiedenen Blickwinkeln aufgenommen,
mitunter auch von der Überholspur aus.

Ich danke all den Menschen,
die mir auf meinem Weg begegnet sind.

Die Autorin, April 2001

Hommage an meine Phantasie

Du bist mein Leben, bist mein Tod.
Du bist das allerletzte.
Mein Rettungsanker in der Not
und das, worauf ich setze.

Du bist ein Nichts und kannst nichts sein.
Ich bin nichts ohne Dich.
Du bist mein Ja und bist mein Nein,
bist Schatten und bist Licht.

Du bist mein Herz und mein Verstand.
Du kannst mir soviel geben.
Du hast mich völlig in der Hand,
führst mich durchs Abenteuerland,
und liegst niemals daneben.

Lampenfieber

Ich sterbe, ganz bestimmt, ich sterbe!
Ich werde nicht auf dieser Bühne steh'n,
ich will die Leut' dort unten gar nicht sehen,
von mir aus können die nach Hause gehen!

Den Eintritt kann man ihnen ja erstatten,
wenn's das Lokal nicht tut, dann zahl ich's halt privat.
Hauptsache ist, sie geh'n und komm'n nicht wieder,
als Grund, da schreibt ihr "Grippe" auf's Plakat.

Wo ist mein Text? Egal, ich werd nicht sprechen.
Nein, nimm die Hand von meinem Arm, s'hat keinen Zweck.
Ich muß hier raus, es war ein Schnapsgedanke.
Wo ist mein Mantel, wo die Tür? Und nix wie weg!

Nein, laßt es sein und gebt euch keine Mühe.
Noch fünf Minuten? - Mir doch egal!
Ich wollt schon immer lieber Höhlenforscher werden!
Sagt mal, ist da denn überhaupt schon wer im Saal?

Wie, der ist voll? Was woll'n die Leute hier?
Gibt's nichts im Fernsehen, Fußball oder so?
Warum steh ich im Mantel an der Hintertür
und sag mit breitem Lächeln dem Verspäteten "Hallo"?

Der sagt auch noch, daß er sich lang schon freut,
soll ich da sagen, "Ich wollt grade geh'n!"?
Komm, nimm den Mantel, gib mit meinen Text,
ich will zumindest mal die Leute mir beseh'n.

Ich sterbe, ganz bestimmt, ich sterbe!
Drei Schritte vor und immer aufrecht steh'n.
Ich hör mich nur noch "Guten Abend!" sagen
und denken, 'Himmel, ist das schön!'.

Die Verwandlung der Raupe

Ich hab Europa hinter mir gelassen,
die Zivilisation der weißen Welt,
die stets gefüllten, lauten Großstadtstraßen,
den Kampf um Ruhm und Anerkennung und um Geld.

Weit fort scheint jeder Alltag
und die Tage, randvoll mit Streß, verschwimmen nun
im Weiß der Wolken und im Gelb der Sonnenstrahlen,
im ruhigen Fluge wie auf breitem Gleis.

Ich hab die Arbeit ausgesperrt für ein paar Wochen,
verlaß das Grau in Richtung Sonnenschein,
ich habe mich in den Kokon verkrochen,
bin guter Hoffnung, bald ein Schmetterling zu sein.

Allein das Fluggefühl genügt mir schon fürs erste,
die Vorfreude mischt sich mit sehr viel Müdigkeit,
und völlig unerwartet kommt dann der Gedanke,
zum ersten Mal im Jahr:
Ich habe Zeit.

Hinterm Deich

Zwischen Schafen und Kühen
abseits jeglicher Mühen
in den nebligen frühen
Morgenstunden Tee brühen

auf dem Deich wandern gehen
Sonnenaufgänge sehen
Erdes Rundheit verstehen
warmen Sand in den Zehen

in Gedanken versunken
lautlos atmende Stunden
eigne Seele erkunden
hab mich wiedergefunden

Kontraste

Trommeln klingen durch die Nacht.
Mücken schwirren leis und sacht
rauscht das Meer und scheint der Mond
groß und gelb und unbewohnt.

Regenfälle, Stromausfall,
Wassermangel überall.
Trockenzeit und leere Felder,
Geldgeschäfte, tote Wälder.

Schwarze Kinder, Kulleraugen,
kleine Hände, die nicht glauben,
daß die weiße Farbe hält,
sind ein Stückchen heile Welt.

Diktatur und Kirchengang,
Todesstrafe, Freiheitsdrang.
Militär und Gottesdienst,
Batikhemd und Levisjeans.

Alte Autos, Schrottkarossen,
kurven weiter unverdrossen
hupend durch den Großstadtlärm,
alles lacht, der Ernst scheint fern.

Schlechte Straßen, Nobelschuppen,
reiche Leute, Wäscheschrubben.
Gegensätze - wem's gefällt -
und die Heiterkeit der Welt.

Kleine Dörfer, ungesehen,
so, als blieb die Zeit hier stehen,
gibt's zum Glück noch allerhand,
teueres, unentdecktes Land.

Liebe braucht Zäune nicht

Ich will dich
aber nicht bedrängen
ich liebe dich
fast schon zu sehr
mit jeder Faser
scheine ich an dir
zu hängen
und jeder Abschied
fällt mir so unglaublich schwer

Ich brauche
dich, um zu gesunden,
denn ohne dich
lebe ich nicht
mit jedem Pulsschlag
fühle ich mich dir
verbunden
wer kann sein Herz be
zwingen, wenn die Liebe spricht

Wenn auch die
Leute es nicht glauben
Liebe ist wie
ein Feuerpfeil
und wer verliebt ist,
der greift gern nach ho
hen Trauben
und wo die Liebe
hinfällt, bleibt kein Stein mehr heil.

Illusionen

Haushohe Wellen,
schreiender Wind.
Schiffe, die nicht mehr als Spielzeuge sind.
Knarrende Masten,
schrecklicher Ort.
Jemand ruft: "Mann über Bord!"
Nicht mal die Hand vor Augen man sieht,
und keiner weiß, was als nächstes geschieht.
Doch plötzlich, als ob da ein Vorhang war,
der Sturm ist aus,
die Sicht ist klar.
Nach alledem scheints an ein Wunder zu grenzen,
Segel, die in der Sonne glänzen.
Das Wasser liegt glatt,
Delphine springen.
Man glaubt, Matrosen zu hören, die Shanties singen.
Friedliche Szenen, irgendwo auf der See,
unzählige Schiffe, soweit ich seh.
Kreischende Möwen,
ein Hafen scheint nah.
Als ob dort nie etwas anderes war.
Das Meer ist grausam, schön und tief.
"Das Bild mit den Schiffen",
sagte der Kunde im Antiquitätengeschäft,
"hängt schief!".

Weihnachten

Einkaufstrubel in den Straßen,
Leuchtfeuer im Herzen.
Weihnacht in verschneiten Gassen,
Wachs tropft von den Kerzen.

Truthahn essen - oder Karpfen?
Nikolaus? Gespenster!
Goldbemalte Tannenzapfen,
Schneeflocken am Fenster.

Nichts soll diese Stimmung trüben,
nichts darf sie gefährden.
Vorfreude und kleine Lügen -
Weihnachten auf Erden.

Kaffeetrinken im Garten
Die Hummel

Es fliegt eine Hummel durchs Sommerland,
ein Honigtöpfchen in jeder Hand.
Über die grünenden Felder,
über die Wiesen und Wälder,
über die Schienen und Zäune.
Ach du grüne Neune!
Da sieht sie ganz plötzlich
Schock-schwere-Not
eine Erdbeertorte im leuchtenden Rot
auf dem Kaffeetisch von Frau Meier.
Auweia!

Frau Meier ruft laut: "Du Untier, du schlimmes!"
Und: "Komm bloß schnell her, Karl-Heinz und vertrimm es!"
Karl-Heinz nimmt den Lappen,
um sie sich zu schnappen.
Frau Meier den Schlappen,
es will beides nicht klappen.

Man wirft mit dem Teller,
doch die Hummel ist schneller.
Dann der nächste Versuch
mit dem Gartenschlauch - huch!
Wasser spritzt durch das Gras
und Frau Meier wird naß.

Die Nachbarn hören das Geschrei
und eilen flugs zur Schlacht herbei.
Bewaffnet mit Besen und anderen Dingen,
wolln sie das Untier ums Leben bringen.

Nun macht die Hummel mal eine Pause
und setzt sich frech auf die Gartenbrause.
Dort erschlägt sie - beinahe - der Nachbar, Herr Koch.
Bloß vorher sticht sie ihn noch.
Das gibt ne kräftige Beule
und ein lautes Geheule.

Drum laßt die Hummeln in Ruh,
sie sind schneller als du!

Frühlingsahnung

Es singt ein frecher Vogel schon sein Lied,
von eines kahlen Baumes hoher Spitze.
Der Wind bringt einen Hauch von Wärme mit,
doch mancher Zaunpfahl trägt noch eine Mütze.

Das Watt liegt grau und trüb in seinem Bett.
Die Schwäne haben sicher kalte Füße.
Die leeren Halme tanzen ein Ballett
und warten auf die ersten Frühlingsgrüße.

Der Strand bleibt von Touristen noch verschont.
Nur selten stapft ein Tapfrer durch die Dünen.
Die Ferienhäuser sind meist unbewohnt
und laute Möwenscharen nutzen sie als Bühne.

Die Sonne kämpft voll Mut sich durch das Grau.
Noch wirkt ihr dünner Schein wie eine Frage.
Mitunter macht der Himmel schon in Blau,
und Sonnes Chancen wachsen Tag um Tage.

Herbst

Es weht ein kühler Hauch schon übers Land,
von manchen Bäumen winken kahle Äste,
die Störche nehmen ihre Beine in die Hand
und Sonnenstrahlen sind willkommne Gäste.

Des Abends kommt die Dunkelheit nun schneller,
des Morgens braucht der Tag ein Stündchen mehr,
die Temperaturen schleichen in den Keller
und langsam rollt die Sonne hinterher.

Ich sitze innerlich schon auf gepackten Koffern
und möchte mit den Vögeln ziehn,
der Sommer ist vorbei, es nützt kein Hoffen,
wer möchte nicht vor grauen Nebeln fliehn.

Wer möchte nicht den goldnen Sommer bannen,
wer möchte nicht der Jugend Ewigkeit
im Körper halten und das Herz in Flammen -
ein Stück Beständigkeit in unsrer schnellen Zeit.

Blind

Sie ist völlig normal
immer zu Späßen bereit
spielt leidenschaftlich Klavier
und es herrscht völlig Dunkelheit

Sie schläft bei offenem Fenster
alle Türen sperrangelweit
hat keine Angst vor dem schwarzen Mann
trotz dieser völligen Dunkelheit

Sie sieht gerne fern
ist unheimlich gescheit
sie liebt dicke Krimis -
doch es herrscht völlige Dunkelheit

Sie kann alles gebrauchen
nur kein Mitleid
das nützt ihr nichts, sagt sie immer,
in ihrer völligen Dunkelheit.

Erinnerungen

Oft vermisse ich das Rauschen,
diese zarte, unbedachte,
wenn die grünen Palmenkronen
sich im Winde beugen, sachte.
Wenn das Meer, das spiegelglatte,
endlosblaue, gleißend-helle,
angefleht vom warmen Wind,
an den Strand spült eine Welle,
und das Himmelsschaf hoch oben
seine Bahn zieht in der Hitze
und ich barfuß - doch mit Mütze -
unter einer Palme sitze.

Manchmal hör ich noch Geräusche,
die mir sehr vertraut vorkommen,
hab ich sie doch in den Tropen
tags und auch des Nachts vernommen.
Zwei Millionen von Zikaden,
singend in der Dunkelheit,
zwei Millionen Tröpfchen Schweiß
sammeln sich in meinem Kleid
und verbinden sich zu dem,
was man aus Romanen kennt,
was man "Fluch des weißen Mannes"
oder "Menschheitswiege" nennt.

So schnell...

Das wars, vorbei auf alle Zeit.
Ein letztes Buch noch im Regal -
die Koffer voll, die Türen weit -
und flüstert leis, "Es war einmal...".

Zuende, Schluß, Fini, Bye bye,
nie wieder so, wie es hier war.
Drei Jahre lang ein starkes Team.
Man trifft sich? Sicher, logisch, klar!

Ein letztes "Tschüß", "Auf Wiedersehn";
die Neuen kommen morgen früh.
Drei Jahre Wohnheim - ungeschehn -
wie üblich noch "Viel Glück für Sie!".

Die Schlüssel - hier. Ihr Buch noch! - Oh!
Die Zimmer sind verwaist und rein.
Und morgen früh: Ein fremder Mensch
nimmt nahtlos deine Stelle ein.

Frühdienst

Kennst du dieses
fröhlich-einsame Gefühl,
halb noch Nacht und halb schon neuer Morgen,

wenn die Spatzen
tirilieren im Geäst
zwischen Dunst
und Sonnenaufgang, kurz nach vier,

wo man dann
mit Tränen in den Augen
Flieger
weiße Streifen malen sieht,

von der Sonne angestrahlt
und ganz weit oben,
fern von dem,
was auf dem Erdenball geschieht?

Hast du dann nicht auch all die beneidet,
in dem Vogel, der zur Sonne schwebt?
Und hast für unschätzbare Momente
Sehnsucht nach Unsterblichkeit erlebt.

Landunter

Schwere Wolkenbatzen
schwarz und dunkelblau
Wind in wilden Böen
alles grau in grau

letzte Sonnenstrahlen
dünn und ohne Macht
erste kalte Tropfen
Blitze, Donner kracht

sturmgepeitschte Äste
dichte Regenwand
Trommellied am Fenster
inselarmes Land

Licht besiegt den Regen
plötzlich alles hell
feuchte Bäume ruhen
Tränen trocknen schnell

Ein Einfall

Manchmal
habe ich das Gefühl,
nicht ich schreibe,
sondern etwas schreibt in mir.

Immer dann,
wenn nicht mein Verstand,
sondern meine
unergründliche Seele
Worte zu Reimen
formt.

Immer dann,
wenn ich
mitten
in der
Nacht
zu Papier und Stift
greifen muß.

Auch
wenn ich nicht will.

Es ist
wie der Reflex,
aus dem Wasser
auftauchen
und
atmen
zu wollen.

Sonst würde meine
Seele
ertrinken.

An ihren eigenen
Gedanken.

Im Rolli - Eigenerfahrung

Du sitzt eine ganze Etage tiefer
und andre sehn zwangsläufig auf dich herab.
Die Decke ist da, um etwas zu wärmen,
sonst frierst du im Winter die Füße dir ab.

Die Passantenblicke, die sind dir sicher
und helfen wird man dir auch - wenn du fragst.
Da bleibt nicht mehr viel an Selbstbestimmung,
auch wenn du das nicht zugeben magst.

Auf einem Niveau mit den Schäferhunden,
mit Mülltonnen, Kleinwagen, Nachbars Kind,
kann man sich schlecht eine Übersicht schaffen,
über Läden, die ganz ohne Hemmnisse sind.

Als Fußgänger, da hat man echt keine Ahnung,
was es heißt, mit so 'nem Gerät,
zu Aldi zu rollen und festzustellen,
daß gar nichts mehr geht!

Drei Stufen zum Eingang, zu kleine Türn,
und dann geht es richtig erst los.
Ein Haufen Probleme und Schweiß auf der Stirne -
und die Einkaufsliste auf dem Schoß.

Zu hohe Regale,
die Gänge - ganz schmale;
der Fisch in Tiefkühltruhen
möge in Frieden ruhen.

Wo Platz zum Wenden sein müßte,
stapelt Karton sich auf Kiste.
Wenn du verweilen mußt,
drängt sich der Menschenfluß.

Die ohnehin schmale Gasse,
zu eng an der Kasse.
Zum Schluß gibts Sonderbetreuung -
und für die Leute Zerstreuung.

Dabei bist du doch nur ein normaler Kunde
und willst ganz legitim etwas kaufen.
Doch da ist ein winziger Unterschied:
Du hast Räder zum Laufen.

Sommerreise

Vorbei an gelbgrünen Sommerfeldern,
an weidenden Rehen auf weiter Flur,
an Kirchturmspitzen, die kaum zu ahnen -
mitten im pochenden Herz der Natur.

Hinfort und vorbei, kein Gestern, kein Heute,
beruhigendes Dröhnen im warmen Abteil.
Es drehen die Räder sich Stunde um Stunde,
ob Morgen, ob Abend, sich Meile für Meil'.

Und so wie ein Pfeil schwebt der Zug auf den Gleisen,
Metall auf Metall im Herzen der Welt.
So wie mit ihm müßt man immer verreisen,
im silbernen Keil - nur der Augenblick zählt.

Die Militärkolonne

Maschinengewehrsalven töten die Nacht
ein weinendes Kind
an der Mutterbrust
ein Fischerdorf um den Schlaf gebracht

und ich stehe zitternd am Fenster

ein rhythmisches Stampfen von tausend Füßen
roter Staub weht davon
in die Dunkelheit
wer bisher meint, es gibt keine Gespenster -
bitte sehr
morgens halb zwei auf der Hauptschotterpiste
Es lebe das Militär!

Die strohgedeckten Hütten schwanken lautlos
es bebt der ganze Ort
die dürren Hunde knurren warnend
dann sind sie fort

Die Mutter singt ein leises Kinderlied
der Staub bedeckt wie eh und je den Sand
ich hab noch eine Weile Angst
vor diesem unberechenbaren Land

Sternenflug

Schau ich zu den Sternen auf,
spür ich,
wie mein Herz sich weitet,
wie ein dunkelblaues Band
sich um meine Seele breitet;

wie ein Funkeln und ein Glühn
in mich dringt
und mich erwärmt,
und wie mein Gedankenfluß
aufwärts zu den Lichtern schwärmt.

Auf, zu unbekannten Welten,
auf zu neuen Möglichkeiten,
durch die Nacht zu fremden Wesen,
Jahrmillionen in den Weiten.

Herz,
ich wollt,
ich hätte Flügel,
könnte reisen durch das All,
bin doch leider festverwurzelt
auf dem winzgen Erdenball.

Seh ich in das Leuchten dort,
in den wunder-klaren Nächten,
glaube ich nur allzugern
an die unbeugsamen Mächte.

Zu den Wesen auf den Sternen
meine Grüße in der Nacht,
sende ich in tiefen Träumen
und dem, der sich dies ausgedacht.

Spruch

Es ist so,
wer es leugnen will, der lügt,
daß Seligkeit und Jugend schnell verfliegt,
daß Schmerz und Kummer immer ewig währt
und Abschied für den Bleibenden noch schlimmer ist,
als für den, der fährt.

Der Rosenkavalier

An einem trüben Dienstag im November,
da hat sie ihn zum ersten Mal gesehn,
am Markttag, hinten in der letzten Ecke,
und augenblicklich wars um sie geschehn.

Sie war ihm schon öfter aufgefallen,
er sah sie jeden Dienstag auf dem Markt,
und jedesmal kam sie nur ganz alleine,
wo sie wohl wohnte, hat er sich gefragt.

Er war ein Kavalier der alten Schule,
mit Silberhaar und mit sehr großem Charme,
dem eine Blüte stets im Knopfloch steckte
und schon sein Blick machte das Herz ihr warm.

Er hatte einen Stand mit roten Rosen
und eine hat er ihr davon geschenkt,
damit sie wüßte, so sagte er damals,
daß immer jemand freudig an sie denkt.

Am nächsten Dienstag da hat Else Mahlmann
den Rosenstand gleich zu Beginn besucht,
und er hat seine achtundsechszig Jahre
und auch sein graues Haar an diesem Tag verflucht.

Im Januar faßte sich Otto Krümmel
ein Herz und fragte, ob er sie vielleicht
zum Essen führen dürfte heute Abend
in seinem Stammlokal hinter dem Deich.

Im Schein der lautlos flackernden Laterne,
da nahm er dort ganz sachte ihre Hand,
und fragte, ob er sie - er würd so gerne -
ab heute bitte Else nennen kann.

Sie schwebte kurz darauf im siebten Himmel,
der Otto holte seinen Frack heraus
und fuhr mit ihr an jedem Wochenende
in seinem alten Ford aufs Land hinaus.

Die Kinder sagten ihr, das würd nicht gehen,
sie sei bald sechzig, er ein alter Greis,
sie sagte, da gäbs gar nichts zu verstehen,
die Liebe kommt auch, ist das Haar schon weiß.

Er ist mit ihr nach Lüneburg gefahren,
für weite Reisen hatten sie kein Geld.
Dort hielt er sie dann ewig in den Armen
und versprach ihr atemlos die Welt.

An jedem Dienstag in all diesen Wochen,
ging Else mit dem Otto auf dem Markt,
und sie verkauften dutzendweise rote Rosen
und so manch ein Passant hat sich gefragt,
woher das Licht wohl kommt in ihrer beider Augen
und diese Wärme, tief von innen raus,
es schien, als baute ihre Liebe
an allen Tagen ein hell-sonnig Haus.

Die Kinder von den beiden warn entrüstet,
doch der Protest hat ihnen nichts gebracht,
im Monat Mai blieb Else dann bei Otto,
in seinem Häuschen, vorerst eine Nacht.

Im Juni brachte Otto sie nach Hause
und blieb auf ein Glas Wein, jawohl, so wars,
seit diesem Tage steckte dann bei Else
die Zahnbürste mit einem "O" im Wasserglas.

Vier Wochen später warn sich beide einig,
mochten die Kinder lautstark lamentieren,
sie fuhrn zum Juwelier und ließen "Else"
und "Otto" in zwei Ringe eingravieren.

An einem milden Sonntag im September,
es war der Tag, an dem der Herbst begann,
sind sie aufs Standesamt gegangen -
und Otto Krümmel wurde Elses Mann.

Die Kinder von den beiden warn begeistert
und schenkten ihrem neuen Elternpaar
drei Wochen Urlaub auf den Malediven -
ich glaub, sie sind noch immer da.

Und immer, wenn ich rote Rosen sehe,
denk ich an dieses junge, alte Paar
und frag mich, was ist von dieser Geschichte
nur Dichtung - und was ist davon wahr?

Pflanze einen kleinen Baum

Pflanze einen kleinen Baum.
Schenk ihm Erde, schenk ihm Raum,
gib ihm Wasser, zu gedeihn,
vieles wird er dir verzeihn.

Schenk ihm Platz in deinem Herz,
wende ab den kleinsten Schmerz.
Laß ihn in die Sonne schaun,
hilf ihm, einen Stamm zu baun.

Rede mit ihm, hör ihm zu,
er dein Sohn, die Mutter du.
Pfleg ihn und am siebten Tag
wird er groß sein, grün und stark.

Lehre seine Blätter fliegen,
zeig ihm, sich im Wind zu wiegen,
Winterstürme zu durchstehn
und im Mai neu aufzublühn.

Lehr ihn, Regen zu begrüßen
lasse seine Knospen sprießen.
Streichle jedes neue Blatt,
auch wenn er schon hundert hat.

Mög er Tieren Zuflucht geben,
Freunde finden auf der Erde,
Äste in die Wolken heben
und fünfhundert Jahre leben.

Eine Liebeserklärung

Palmenrauschen in der Ferne,
vieles wie vor hundert Jahrn.
Doch so habe ich dich gerne,
zweite Heimat Afrika.

Deine rote Erde glühet
unter brennend heißen Strahlen,
und dein Blumenmeer erblühet,
so wie Kinderhände malen.

Deine Luft, sie lebt und atmet,
lächelnd schaut ein Kind mich an.
Schneller noch, als ich erwartet,
zogst du mich in deinen Bann.

Seelen-Takte

Öffne deine Seele weit,
laß die Töne gleiten,
mitten in dein Herz.

Mach deine Gedanken frei,
sprenge ihre Ketten,
Kummer, Sorgen, Ängste, Schmerz,
sind nicht mehr zu retten.

Eins zu sein mit der Musik,
schwarze Hemden wogen;
rhythmisch, taktisch -
atme mit -
fühle deine Unterwelt
aufgefangen in dem Bogen,
den die Noten spannen.

Schleicht sich auch dieses Gefühl
nach dem letzten Tastenschlag
würdevoll von dannen.

Über das Dichten

Man nimmt das Leben, wie es ist
und faßt es kurz in Reimen;
so stellt man sich das Dichten vor
in dichterlosen Heimen.

Die Kunst des Schreibens ist so hold,
das Gen bekommt nicht jeder.
Schon mancher hat sich dran versucht -
und nichts kam aus der Feder.

Man nimmt ein weißes Blatt Papier
und sammelt nun den Fluß,
aller Gedanken, die da schwirrn,
und meistens ist dann Schluß.

Denn spätestens an diesem Punkt
fällt Goethes Enkel ein,
daß er noch nicht mal weiß, o Schreck,
wie soll der Anfang sein?

Der Abgesang fällt meist nicht schwer,
(die Hauptfigur kommt um),
doch um den ersten Doppelvers
kommt auch kein Schiller rum.

Im Mittelteil ist es halb drei,
der Dichter merkt es kaum,
war zwischendurch leicht eingenickt,
der Star singt laut im Baum.

Vor Sonnenaufgang steht das Werk,
der Meister hats vollbracht.
Ein kleiner, letzter Schliff nur noch,
die Uhr geht auf halb acht.

Beim Frühstück mit der Ehefrau
werden die Augen schwer.
Beim Abwaschen wird ihm ganz flau,
dann weiß er gar nichts mehr.

Doch eins, das wußt er später noch,
war er auch schon so matt,
daß er, bevor er schlafen ging,
das Blatt zerrissen hat.

Der Mittelteil gefiel ihm nicht,
vom Ende ganz zu schweigen.
Und überhaupt konnt er sein Werk
von Anfang an nicht leiden.

Im Takt der Zeit

Plötzlich ist sie da, die Zeit,
mit den kalten Winden,
mit den langen Nächten,
und kein Blatt am Baum mehr
weit und breit.

Gestern hab ich noch gedacht,
Sommer wars und sonnig,
tagelang die Tage,
Mückenschwärme plagten
uns bei Nacht.

Schnee nun auf den Feldern liegt,
Eisblumen am Fenster,
Wintersternenhimmel,
frag mich, wann die Sonne
wieder siegt.

Alte sagen, früher mal,
warn die Jahre länger,
ewig war der Sommer,
endlos schien der Winter
anno dazumal.

Zeit ist taktvoll am vergehn,
auch, wenn wir oft meinen,
daß sie läuft mit tausend
Beinen, oder würde
stille stehn.

Wenn der Sommer geht

Bräunlich schimmert schon ein Feld
Nebel schwelt in einer Senke
schwarz der Wald
steht und ich denke
Herbst kommt bald

Trübes Licht auf sieben Uhr
Sonne kämpft mit den Gewalten
Vogelzug
formt nun Gestalten
früh genug

Erntezeit landauf, landab
neu die Speicher sind zu füllen
weil der Winter nicht mehr weit
und sich Feld und Wald verhüllen
Abschiedszeit

Ich steh an meinem Fenster still

Ich steh an meinem Fenster, still.
Zum Greifen nahe scheint der Mond
mit seiner Sternenkinderschar.
Es glitzert bis zum Horizont.

Ich steh an meinem Fenster, still,
und blicke in die tiefe Nacht.
Ein Wölkchen zieht am Himmel, schnell,
unter dem großen Kuppeldach.

Ich steh an meinem Fenster, still,
und höre Mond und Sternen zu.
Und nur ihr lautloses Gespräch
durchbricht die kalte, dunkle Ruh.

Ich lieg auf meinem Bette, still.
Das Sternenflüstern noch im Ohr,
begleitet mich bis in den Traum,
und dringt durch Mauern, Tür und Tor.

Die Unverbesserlichen

Samstagsnachmittags, halb vier,
klingelts an der Wohnungstür.
Dann kommt Herr Schulze-Wagenfeld
mit Karten zu mir und mit Geld.

Wir spielen Poker oder Skat,
essen dazu Wurstsalat,
ich trink ein Bierchen oder zwei,
Schulze-Wagenfeld meist drei.

Meine Frau sieht das nicht gerne,
die geht zum Kulturverein.
Da bekämen mich zehn Pferde
nie und nimmer nicht hinein.

Meine Frau, die kocht und putzt,
kaum, daß man mal was benutzt.
Auf den Möbeln, die hier stehn,
ist kein Körnchen Staub zu sehn.

Ich helf ihr nie, sie kann das besser,
schärf höchstens mal die Frühstücksmesser.
Der Mann bin ich und sie mein Weib -
so ist das richtig und gescheit.

Ich bin kein Macho oder Held,
ich bin ein Kerl, ein Mann von Welt,
der weiß, was bei den Frauen zählt:
Männliche Dominanz und Geld.

Mein Freund, der denkt genau wie ich,
der putzt und kocht und bügelt nicht,
geht abends aus, kommt oft zu mir,
zum Kartenspielen und zum Bier.

Am letzten Samstag um halb vier,
da klingelts, doch nicht an der Tür,
was schellte, war das Telefon
und Schulze fragte: "Weißt du schon?

Die Fraun sind fort, vergangne Nacht,
was haben die sich bloß gedacht?
Ich glaub, ich muß mich selbst versorgen,
was soll ich essen, heut und morgen?"

Auch ich fand so eine Notiz,
was drinnen stand, klang wie ein Witz:
"Wie du grad merkst, ich bin nicht da.
Komme nicht wieder, bin in Kanada!"

Die letzten Tage waren fürchterlich,
ich hab gekocht - es schmeckte nicht!
Und meine Wäsche machte sich nicht von allein,
wie kann Elfriede bloß so herzlos sein!

Nun muß ich alles ganz von selber tun
und Sparen auch und das fällt mir nicht leicht.
Doch wenn das Geld reicht, kauf ich eine Schiffspassage
und fahr zu Frieda, übern großen Teich!

Liebesbilder

Wie ein zartes, ein reißbares, dünnes Band,
wie ein Abgrund mit steinigem, bröckelnden Rand,
eine Botschaft, alleine nur dir übersandt,
wie ein Heißluftballon, mit zwei Herzen bemannt;

wie ein Sonnenstrahl, schüchtern und ohne Macht,
wie ein schimmerndes Fenster in dunkelster Nacht,
wie ein schützender Arm, der über dich wacht,
wie ein Streichholz, das leise ein Teelicht entfacht;

wie der Wind, der durch knarrende Äste weht,
wie ein Schleier, der sich auf die Seele legt,
wie das Amen als Schlußwort des letzten Gebets,
wie ein warmes Willkommen am Ende des Wegs;

wie ein eiskalter Tropfen auf warmem Stein
muß die Liebe, die erste, die große sein.

Der große Auftritt

Am schwarzen Brett stand es geschrieben
die Tageszeitung hats gedruckt,
(ganz hinten, in der letzten Ecke,
wohl dem, der grade dorthin guckt!).

Der Saal ist trotzdem voll geworden,
man kennt ja schließlich seine Stars.

Das Einsingen ist grad beendet,
ein letztes "Mom",okay, das wars.

Der Moderator spricht ganz laut,
denn hinter ihm wird aufgebaut,
und es muß ja nicht jeder hören,
wer sich dort auf die Finger haut!

Dann kommt das Zeichen und auf drei
hebt sich der Vorhang: Bühne frei!

Der Einmarsch folgt, erst das Orchester,
dann kommt der Chor in Zweierreihen;
der Chef im Anzug (s'ist sein Bester),
die Beine schwer, als wärn sie bleiern.

Die Großen müssen nach ganz hinten.

Die Kleinen stellen sich nach vorn,
damit die Eltern sie auch finden;
ist mancher Anblick auch ein Dorn.
Man ist da liberal geworden,
war nabelfrei einst noch verpönt,
kriegt jedes Modell heut nen Orden,
wenn es des Mannes Aug verwöhnt.

Das Orchester sitzt zur Linken,
die Gitarristen spielen sich ein;
und bitte nicht der Oma winken,
man will ja schließlich Profi sein!

Der Chor hat Haltung angenommen.
Der Bürgermeister ist gekommen.
Das letzte Raunen ist verstummt,
von ferne nur ein Flugzeug brummt.

Der Schuldirektor kreuzt die Arme
und lehnt ihm Stuhl sich dann zurück,
er ist sehr aufgeregt, der Arme,
und versteht von Musik kein Stück.

Jetzt nur den Einsatz nicht verpassen,
beim ersten Ton wär das fatal.
Der Direx würd das zwar nicht merken,
dem Publikum wärs auch egal,
doch keiner von den Musikanten
möcht sich vorm Nebenmann blamiern
und zusätzlich zum Ellenbogen
den bösen Dirigentenblick riskiern.

Hurra, es hat geklappt, sie singen,
die Töne sprudeln in den Saal.
Wo sie wie Wellen weiterschwingen,
sogar beim Baß klappt es heut mal.

Und nun ihre Paradenummer -
das Solo aus dem Musical.
Der Dirigent bemerkt den Kummer
und schenkt ein Lächeln dem ganz schnell,
der jetzt mit butterweichen Knien
nach vorne tritt, ein Blick den Streichern,
die nun für ihn alleine spielen.

Und aus noch ungereifter Kehle
erklingt ein glockenheller Ton,
er singt mit Herz und Leib und Seele -
die Omas vorne schluchzen schon.

Applaus, als wolle er nie enden,
bekommt der junge Mann zum Dank.
Und mit noch immer rotem Kopfe
schlängelt er sich die Reihn entlang.

Und weiter geht ihr Liederreigen,
sie probten nicht umsonst so hart.
Heut wollen sie es allen zeigen,
vonwegen Schulchor, lahm und fad!

Ob klassisch, poppig, ob modern,
auch große Hits sind stets dabei,
das hörn die Leute immer gern,
das macht die Seele sorgenfrei...

Als Zugabe ihr Lieblingstitel,
ein Rhythmus, der sie alle packt.
Jetzt fühlt sich jeder wie ein Beatle,
sogar der Direx klatscht im Takt.

Geschafft, der letzte Ton verklungen,
lautstarker Beifall brandet auf.

Hurra, ihr habt ganz toll gesungen -
bis zum nächsten Mal, ich freu mich drauf!

Mein See

Er liegt so wie ein Spiegel glatt,
so unnahbar und gar nicht tief,
die Bäume doppelt, Blatt für Blatt,
und Sonnenstrahlen grinsen schief.

Er kräuselt seine Stirne leicht,
die Enten schaukeln mit dem Schwan,
die Wölkchen scheinen in ihm groß
und gleiten auf gewellter Bahn.

Er schäumt und brodelt, wirft um sich
mit Regentropfenmunition,
die Äste peitschen ins Gesicht
und werfen mit den Blättern schon.

Er ist nicht da - nur weiße Wand,
die zögernd sich dem Licht ergibt,
dann: Bühne frei, von Zauberhand.
Ich habe ihn sofort geliebt.

Letzter Gruß

Du hast die letzte Pforte
hinter dir geschlossen

Adieu
du bist gegangen
ich habe jeden Augenblick mit dir genossen

war völlig unbefangen
und habe nie einen Gedanken dran verschwendet
daß diese wunderschöne Zeit vielleicht bald endet

nie werde ich ein Augenzwinkern je von dir vergessen
du warst viel mehr als ich jemals besessen
habe - und je besitzen werde
du bist mein Himmel nun
und warst einst meine Erde

Vertraute Wege

Wie oft schon bin ich diesen Weg gegangen.
Zu jeder Jahreszeit, ob Tag, ob Nacht.
Im Guten und im Bösen, in Gedanken oft verhangen.
Weiß heute noch von jedem Ort, wie Zuges Räder klangen,
in jener alten Zeit.

Wie oft schon hab ich hier wie heut gesessen.
Zu jeder Jahreszeit, ob Tag, ob Nacht.
Im Lachen und im Weinen und ganz sicher nichts vergessen.
Weiß heute noch von jedem Ort, mit wem ich mich gemessen,
in jener alten Zeit.

Wie oft schon hab ich hier wie heut gesehen.
Zu jeder Jahreszeit, ob Tag, ob Nacht.
Vertrautes und auch Neues, Menschen kommen, Menschen
gehen.
Weiß heute noch von jedem Ort, was wann und wie geschehen,
in jener alten Zeit.

Wie oft schon hab ich hier wie heut geschrieben.
Zu jeder Jahreszeit, ob Tag, ob Nacht.
Im Ernsten und im Heiteren, ein Blättlein aufgetrieben.
Weiß heute noch von jedem Ort, wo dessen Zeilen blieben,
aus jener alten Zeit.

Jahreszeiten des Lebens
Bilder einer Meditation

Ich war in einem fremden Land,
wie fern es ist oder wie nah, das weiß ich nicht.

Auf grünen Hügeln stand mein Haus am Fluß
und Sonnenstrahlen wärmten mein Gesicht.

Es war mein Leben, welches da vorüberzog
unter dem Blau des Himmels und der Wiesen Grün.
Ich hab mit lieben Menschen dort gelebt
und sah im März die Vogelschwärme ziehn.

Ein großer Sohn bestellte unsre Felder.

Und dann, in meinem Sommer, waren Enkel da,
die in den Hügeln tollten und im Fluß.

Allmählich endete das warme Jahr.

Der Herbst zog ein und wieder zog der Vogelschwarm.

Ich spürte, daß das Leben nicht unendlich ist.
Ich habe nie versucht, den Schein zu wahren,
daß man als Menschenkind unsterblich ist.

Das Grün der Hügel wurde nun von Reif bedeckt,
des Flusses Wasser floß ein wenig langsamer.

Was jedoch blieb, das war das Blau des Himmels
und auch die Sonne schien nicht weniger.

Den Kindern wollten wir es nie verheimlichen,
daß Zeit gekommen war zum

Abschiednehmen.

An meinem letzten Bett saßen sie oft,
ohne sich ihrer Traurigkeit zu schämen.

Es schlich der Winter sich ins Tal und auch ins Haus.

Was näher rückte, war der Tag des Gehens.

Wir haben viel geweint und viel gelacht,
in dieser Zeit des Suchens und des Sehens.

Ein Tisch mit einer Kerze stand im Zimmer.

Durchs offne Fenster huschten Sonnenstrahlen,
die auf Bett und Menschen fielen
und an den Menschen zarte Kringel malten.

Von Liebenden umgeben fällt es mir nicht schwer,
mein gut erfülltes Leben zu beenden;
ganz friedlich einen letzten Atemzug zu tun,
mich meiner neuen Heimat zuzuwenden.

Ich bin in einem fremden Land...

Weißer Zauber

Der erste Schnee,
der auf die kahlen Äste fällt,
verändert dein Gesicht,
du graue Welt.

Und Lichterspiele reflektierend
glänzt der Schnee,
wie große Kinderaugen
auf dem zugefrornen See.

Dann bricht die Sonne
durch die weiße Wolkenwand,
in gleißend hellen Schein taucht sie
das schneebedeckte Land.

Die Welt wird fasziniert
von dieser Zauberei;
bis es im Frühjahr taut -
dann ist die Show vorbei.

Willkommensgruß

Träumerische
Mandelblütendüfte
in der
noch eiskalten
Nase
Sonnenkringel malen
auf dem
winterhellen
Bauch

willkommen, Frühling
und Sommer,
du auch

Krebs

Du warst mit deinen schwarzen Locken
vom ersten Tag an in unser aller Herz.
Mit deinem immernoch-fröhlichen Lachen,
mit deinem unendlichen Schmerz.

Warum? Hat sich jeder gefragt, der dich sah.
Warum du mit der Honighaut?
Warum mit viereinhalb Jahren?
Warum überhaupt?

Ich habe deine schweißnassen Hände
getrocknet, gewärmt und mich zu dir gesetzt.
Ich habe es nicht wahrhaben wollen, dein Ende
und immer gehofft, bis zuletzt.

Seh in das Gesicht deines Vaters,
er ist ein gebrochener Mann.
Mit seinen riesigen Händen,
hebt er deinen geschundenen Körper mühelos an.

Ich seh die Tränen seiner Frau,
sie hat den Tag gewußt, die Stunde geahnt,
sie sah dein Ende kommen, ganz genau,
hat sich immer zur Stärke gemahnt.

Ich seh auch die hilflosen Ärzte,
am Ende mit ihrem Latein.
Verzweifelt haben sie um dich gerungen,
doch ein Happy End sollte es diesmal nicht sein.

Mögest du all die Qualen vergessen,
all das, was man dir angetan,
alle Schmerzen und Kabel und Schläuche;
nun legt er ab vom Ufer, dein Kahn.

Schlaf ein, meine tapfere Kleine.
Du hast dir den Himmel verdient.
Viel Glück auf der anderen Seite.
Auf der Erde war dein Lebensfeld zu sehr vermint.

Meine Welt

Wie ich an diesen Ufern steh,
erscheint es mir beileibe
erklärlich, daß der Mensch einst glaubt,
die Welt sei eine Scheibe.

Der Himmel ist der Scheibe Dach
und hinterm Horizont am Rand -
hell über Tag und schwarz bei Nacht -
liegt unmöglich noch festes Land.

Als Zirkel dient mein Augenlicht.
Mit ihm kann ich ermessen,
wie groß mein Universum ist -
und all den Rest vergessen.

Der Bauherr ist die Phantasie,
die über alles schaut.
Und so wird Stein auf Stein auf Stein
der Seele Heim erbaut.

Der Schlüssel dazu ist mein Ich,
mit all dem Auf und Nieder.
Paßt er ins Schloß, so streck ich dort
des abends meine Glieder.

Und wache jeden Morgen auf
voll Kraft und Wißbegier,
neu zu entdecken meine Welt -
und wie ich leb in ihr.

Stunden am Meer

Wie bleiern hingegossen schwappt das Meer
nur selten eine müde Welle an den Strand.
Der trübe Himmel drückt die Schultern schwer,
wirkt wie ein Trauermantel für das Land.

Ein Möwenpaar hockt reglos auf dem Kahn,
der sachte nur im stillen Wasser schwankt,
von einem Tau gehalten, dick und triefend naß,
von Muscheln, Schlick und dunklem Kraut umrankt.

Vom Horizont, wo Grau mit Grau verschwimmt,
blinkt zaghaft nur ein dünnes Licht herüber.
Sein Schein erreicht mit letzter Kraft den Strand,
und kaum gesehen, schwindet er schon wieder.

Der rasche Wanderer erhebt kaum seinen Blick,
den Kragen hoch, die Hände tief vergraben,
stapft scharfe Muster in den schweren Sand
und scheint ein sehr verlockend Ziel zu haben.

*

Ein Wind kommt auf, zerreißt das Einerlei,
das Meer erhebt sich seufzend und in Wogen.
Ein Stückchen blauer Himmel hier und da,
als hätt der graue Mantel nur getrogen.

Der Sturm zerzaust den Möwen das Jackett,
sie hocken auf den Buhnen dicht an dicht.
Der Wanderer nimmt seinen Hut vom Kopf
und badet nun im warmen Sonnenlicht.

Ein Wolkenschaf treibt zügig über ihm,
am Horizont, die Fähre, blitzt und blinkt.
Die Wellen haben weiße Mützen auf,
mit seinem Tau der leere Kahn nun ringt.

Dann reißt es auf, der Himmel leuchtet blau.
Die Wellenkämme glitzern weiß und grell.
Der alte Mann am Hafen hat es ihm gesagt.
"Min Jung, das Wetter ändert sich hier schnell!"

Mexiko pauschal

Heiß und dampfig ist die Erde,
von den Palmen tropft es naß,
und Armeen von Flamingos
suchen Würmerchen im Gras.

Neckermänner, TUI-Touristen
zahlen viel und teures Geld,
drängen sich auf Zufahrtspisten,
wolln was sehn von dieser Welt.

Und nach jedem Regenschauer
strahlt die Sonne doppelt heiß,
eine letzte kleine Wolke
treibt am Himmel, leicht und weiß.

Morgendlicher Kampf um Liegen,
nachfolgend das Freßgelage,
mittags Sonnenstich am Pool -
vierzig Fieber für drei Tage.

Vogelschwärme musizieren
manchmal glaub ich, nur für mich,
Echsen huschen durch die Büsche,
Blumen duften wunderlich.

Alte Mayasteine stehen
manchmal sogar unentdeckt,
weder von Touristenschwärmen,
noch von Forschern aufgeschreckt;
abseits der Fünf-Sterne-Inseln,
irgendwo im Immergrün,
während in Hotelanlagen
Kitsch und Krempelläden blühn,
und dem schwitzenden Besucher
Dollars aus den Taschen ziehn,
weil er meint, das Handbemalte
paßt so gut vor den Kamin.

Letztlich muß er etwas kaufen,
ist auch noch so hoch der Preis -
denn er hat - hier der Beweis -
Mexiko pauschal bereist.

Eine Handvoll Lebensmut
für T.Q.

Hast so zarte Hände,
doch die greifen schon.
Klammern sich an jede
liebgewonnene Person.

Der Chef sagt, deine Werte
sind heute wieder schlecht
und daß er dir so gerne
neue Nieren schenken möcht.

Hast so kleine Ohren,
die hören ganz genau,
sinds die Schritte deiner Mutter -
oder die einer anderen Frau?

Monitore blinken,
brummen ohne Ruh.
Hast hier eine Akte,
die wiegt mehr als du.

Bist ein kleiner Schreihals,
kommt dein Fläschen nicht,
brüllst du deinen Hunger
jedem ins Gesicht.

Kannst so friedlich wirken,
abgekämpft und schlapp.
Hältst uns hier tagtäglich
doch ganz schön auf Trab.

Bist ein armer Hase,
hat der Doc gesagt.
Wo liegt deine Zukunft?
Ich hab nicht gefragt.

Wünsche dir vor allem
eine Menge Mut
und den Kinderglauben:
Alles wird wieder gut!

Vollmond

Sanfte Schleier
umhüllen
dein Gesicht
Mond
voller Mond
stilles gelbes Licht

Rund Augen
schaun
mich fragend an
Mond
guter Mond
wohnt er dort, dieser Mann?

Dein Mund sagt ja, ganz sacht,
bleibt aber stumm
Mond
ferner Mond
wünschst eine gute Nacht

Glaube dir, du lügst wohl kaum
mir wird leicht
Mond
lieber Mond
behüte meinen Traum

Selbstfindung

Ab und zu, da muß ich ganz für mich sein
irgendwo an einem kleinen Teich
Entenfüttern, ohne nachzudenken
Seelenreise ins Phantasiareich

Manchmal muß ich ganz alleine
wandeln durch den lichten Wald
einsam sein, um mich selber zu finden,
wo mein Schritt noch hörbar widerhallt

Hin und wieder brauch ich diese Stunden
abseits dessen, was die Welt bewegt
frischen Wind in die Gedanken lassen
auf Papier sie bannen, wie ad acta gelegt

Schlafwache bei den Kleinen

Wenn sie endlich alle schlafen,
so mit engelsgleichen Zügen,
frag ich mich an manchen Tagen,
können diese Augen lügen?

Sind es diese kleinen Wesen,
die an meinen Nerven zerren,
sich mit lautstarkem Gebrülle
gegen alles Gute wehren?

Die, ob des Zusammenhalts,
erstmal nein zu Erbsen sagen
und sich fünf Minuten später
um den letzten Krümel schlagen;

die mir - grade noch wutschnaubend -
kunterbunte Bilder malen,
weil sie mich doch so sehr lieben.
Dies Gefühl - nicht zu bezahlen!

Kinder darf man nicht verderben,
Freiheit soll man ihnen schenken,
Freiheit, alles zu erkunden,
nur kaum spürbar soll man lenken,

und aus diesen kleinen Biestern
weltgerechte Menschen formen,
die bereit sind zu erforschen,
ohne Angst vor alten Normen...

Da, jetzt blinzelt schon der erste,
heimgekehrt vom Traumsandort -
immer erstmal rüberschauend,
keine Angst, ich geh nicht fort.

Los, steht auf, ihr Rasselbande,
ausgeruht, im Gegensatz zu mir.
Ja, gleich hole ich den Kuchen
und danach, da bin ich euer wildes Tier!

Wo?

Hab an fließenden Wassern gesessen,
hab die Schwäne beim Singen belauscht,
hab mit Bettlern und Gaunern gegessen,
mich an ihren Geschichten berauscht.

Hab die Heimat gesucht in der Ferne,
bittre Tränen geweint vor Unglück,
hab des Nächtens befragt fremde Sterne
nach dem Weg in den Einklang zurück.

Bin durch brennende Lande gezogen,
bin in einsamen Wüsten verstummt,
hab mich selbst um mich selber betrogen
und die falschen Parolen gesummt.

Wollte alles und nichts dafür geben,
doch der ungleiche Tausch ging nicht gut,
hätt es beinah bezahlt mit dem Leben,
kenn den Unterschied jetzt zwischen Leichtsinn und Mut.

Nach unzähligen unsteten Jahren
hab ich endlich verstanden, warum
ich erst mußte die Meere befahren;
die Erkenntnis, sie machte mich stumm.

Ich war fassungslos und wie von Sinnen,
hab die eigene Dummheit verflucht,
denn grad dort, wo das Herz liegt, tief drinnen,
liegt die Heimat nach der ich gesucht.

Augenblicke

Auf einem Feldstück am Schienenstrang,
da standen sie wie erstarrt;
fünf Rehe im Abendsonnenschein,
ein Stückchen Natur bewahrt.

Sie liefen nicht fort, schauten sich stumm
nach diesem Riesenungetüm um
und ihrem Blick
lag Sanftmut und Glück.

Wo findet man soetwas heut
bei den reisenden Leut?

Und manchmal wünscht ich, ich wäre wie sie
und könnt von den grünenden Auen
ohne Angst und Zeitdruck und ohne Gepäck,
den eilenden Zügen nachschauen.

Und mit Sanftmut und Glück
in meinem Blick
würd ich sie begleiten
ein winziges Stück
ihres Wegs
und für diese Sekunden
dreht die Welt ein paar weniger Runden

Nachts, wenn du schläfst

Wolke schob sich vor den Mond,
strahltest durch den Schleier noch,
Abendstern im Wolkenloch
und, ganz sacht, der Mond.

Blau der Himmel war am Rand,
Sterne formen dort ein Haus,
funkeln tief aus sich heraus
über dunklem Land.

Wind, der durch die Bäume geht,
wie ein Meister durch sein Reich,
Busch und Buche, beide gleich
und von fern die Eule fleht.

Weißt, daß du willkommen bist,
Mond- und Sternenschein bedacht,
Vater Wind, der dich bewacht,
meiner Liebe sei gewiß.

An eine gute Freundin

Du bist aus gutem Holz gemacht,
nur etwas zart besaitet,
Du bist vom Nabel aufwärts schlank
und untenrum, nun ja, verbreitert.

Du liegst nicht jedem in der Hand,
und klingst auch nicht für jeden.
Manch einem, der Dich stumm nur fand,
klang dumpfer Ton entgegen.

Doch wer des Spielens Kunst beherrscht,
beschenkst Du mit Gesängen.
Dies ist des Meisters Übung wert -
Du läßt Dich da nicht drängen.

Es ist Dein Klang, der Dich verrät
und Deines Spielers Laune.
Es ist mein Herz, das auf dann geht -
dann lausche ich - und staune.

Gedanken an den Tod

Weit weg
hinter hohen Häusern
Mondeslicht
auf Grabeshügel fällt
Sterne scheinen
zu begleiten
weit weit fort
in einer dunklen Welt

Krähen hocken
hungrig
in den Bäumen
fremde Hunde
heulen in die Nacht
und in einer
unheimlichen Stille
habe ich
an meinen Tod gedacht

vielleicht lag es
an den schwarzen
Krähen
vielleicht auch
an dieser Finsternis
oder an den
fernen Sternen
sicher an dem
gelben Wolfsgebiß

und ich fragte mich
was würde aus
mir werden
wenn mein Geist dann
zu den Sternen fliegt
und mein Erdenkörper
hinter hohen Häusern
bei den Krähen
in der kalten Grube liegt

Werde ich dann
auch von oben leuchten
komme ich zurück
gibts einen neuen Tag
oder ist alles zuende
dunkel, schwarz - ganz einfach:
Knochen im feuchten Sarg?

Steine vergangener Tage

Einsam wirkt das kleine Haus
auf dem kahlen Feld,
niemand schaut dort mehr hinaus,
abseits aller Welt
steht es dort seit hundert Jahrn,
Kriege überstanden,
Liebe, Glück und Leid erfahren,
von Menschen, die es Heimat nannten.

Bauersleute wohnten hier,
pflügten einst das Feld,
Arbeit gabs genug für vier -
harte, rauhe Welt.

Einst fiel dann der erste Stein,
Regenrinnenrost,
Feuchtigkeit zog heimlich ein
und die Angst vorm nächsten Frost.

Die Bewohner gingen fort,
einsam blieb das Haus
auf dem ungepflügten Feld,
niemand schaut dort mehr hinaus,
abseits aller Welt.

Abschied

Wellen
schlugen an den Strand.
Deine Hand in meiner Hand,
als die Sonne
feuerrot
hinter uns im Meer versank.

Wunderbares
warmes Naß,
Liebesrausch im Übermaß.
Möwen kreischten
in der Luft,
in den Dünen weiches Gras.

Kalt
war diese letzte Nacht,
Luna hatte uns bewacht.
Doch am Morgen
warst du fort -
einsam bin ich aufgewacht.

INHALT